도계 박재완 선생님께서 전해주신

명리구결 따라쓰기

삼각산인 엮음

KB191732

금강초롱

人雖靈於萬物 命莫逃乎五行

인간이 미록 만물의 영장이지만
운명(運命)은 오행에서 도망갈 수 없다.

ー『삼명통회(三命通會)』

들어가는 말

"선생님 명리 공부를 잘 하려면 무슨 책을 봐야 합니까?"

역문관 선생님께 명리를 배우면서 나는 끊임없이 이런 질문을 여쭈었다. 그때쯤의 나는 명리공부에도 무슨 무림비급 같은 책이 있어서 그걸 보면 부쩍 실력이 늘어날 거란 생각이 있었다. 나만 그런 건 아니었다. 역문관에 찾아와서 도계 선생님이 남겨주신 저술과 자료를 좀 볼 수 없겠냐는 사람도 제법 많았다. 같이 공부하던 동문(同門)들 중에 어떤 사람은 도계 선생님이 전해주신 명리의 비급을 우리들에게는 소개해 주지 않는다고 투덜대는 사람도 더러 있었다.

선생님은 좋은 책을 소개시켜 달라고 조르는 사람들에게 『명리요강』, 『적천수』, 『조화원약』 같은 책을 열심히 보라고 추천해 주시곤 하셨다. 물론 상세한 말씀은 없었다. 묵묵히 읽어 내려가고 뜻을 헤아리다 보면 하나씩 하나씩 공부가 쌓여서 명리가 이루어질 거라는 덕담뿐이었다.

그런데 막상 추천해주신 명리고전을 읽다보면 원문의 의미가 모호해서 이해가 안 가기 일쑤였고, 사주 명조에 대한 상세한 설명이 없어서 '수박 겉핥기' 식으로 넘어갈 수밖에 없었다. 한마디로 좀 지루했다. 고전을 공부하면서 느낀 또 한 가지의 소회는 역문관 선생님의 실제 간명과 책에 나온 이론이 잘 맞지 않는다는 점이었다. 당시 대학생이었던 나는 선생님 옆에서 만세력을 찾아 사주 명조도 뽑아 드리는 아르바이트를 하곤 했는데, 덕분에 선생님께서 내방객의 사주를 풀이해 주는 장면을 직접 옆에서 듣는 행운이 있었다.

명리 고전에서 일관되게 서술된 이론은 명조를 신강신약으로 구분해서 신강한 경우는 억제하고 신약한 경우는 생조해 주는 이른바 '억강부약(抑强扶弱)' 방식이 주를 이루고 있었다. 그런데 선생님의 관점은 조금 다른 것 같았다. 기존의 명리고전에 나오는 방식이 아닌 무언가 선생님 나름의 초식이 있는 듯해서 한눈에 그 사주의 특징을 간파해 내는 것이 여간 흥미롭지 않았다. 선생님은 명조의 특징을 단번에 알아보는 안목을 '초관점(初觀點)'이라고 했다. 나로서는 도저히 헤아릴 수 없는 경지였다고나 할까?

공부의 반전은 우연히 이루어졌다. 실력이 늘지 않아 투덜대던 내가 안쓰러웠는지 선생님은 내게 『명리요강』에 나오는 '구결(口訣)'을 전부 외워오라는 숙제를 내 주셨다.

"명리는 오래전부터 스승과 제자 사이에만 전승되는 은밀한 학문이야. 옛말에 그걸 무릎제자라고 하는데, 둘이 마주 앉아 글이 아닌 말로 귓속말로 전했다는 의미지. 그걸 구결(口訣)이라고 하는데 사주를 해석하는 일종의 '구구단' 같은 거라네. 도계 선생님께서 수많은 구결을 정리해서 명리요강에 '고서개요(古書慨要)'란 장에 수록해 놓으셨으니 우선 전부 외워오도록 하게"

선생님 말씀에 의하면 구결은 수많은 술사들의 임상과 해석의 경험을 담아 정리한 공식인 셈이었다. 순간 나는 도계선생님의 '명리구결'이야 말로 그토록 많은 사람이 찾았던 무림비급이 아닐까하는 가설에 도달했다. 선생님 말씀처럼 고인전결을 열심히 암기하고 또 이해가 가지 않는 대목은 시간 날 때마다 여쭤어 궁금증을 풀었다. 어느새 조금씩 몰랐던 명리의 이치가 보이기 시작했다. 놀라운 일이 아닐 수 없었다.

시간이 그때로부터 30년쯤 지나다보니 쑥스럽게도 내가 사람들에게 명리를 전하는 입장이 되고 말았다. 명리의 비밀을 풀고자 고민하는 사람들은 내가 던졌던 바로 그 질문, '무슨 책을 봐야 하냐?'을 내게 던지곤 한다. 나는 이제야 자신있게 도계 박재완 선생님이 전해주신 '명리구결'을 외우라고 말해주곤 한다.

지금이야 명리 관련 서적이 넘쳐나는 시절이지만, 옛날에는 명리 서적을 구해서 공부하는 것이 그다지 쉽지 않았다. 그때 선생님이 전해주는 구결 하나를 외우고 해설을 듣는 것으로 사람들은 명리를 전승해 왔을 거라고 생각한다. 그 많고 많은 구결들의 정수를 모아 정리해 주시고 친절한 해설을 달아 후학들에게 나침반으로 삼게 해주신 도계 선생님의 큰 뜻이 우뚝해 보이기만 하다.

명리공부를 깊이 하고자 하는 사람들은 한문의 벽에 부딪히고, 고급 서적이 부재한 한계에서 길을 잃기 십상이다. 그런 분들에게 이 책 '도계 선생님께서 전해주신 명리구결'은 좋은 해법이 될 수 있으리라 생각한다. 명리구결을 외우고 따라 쓰다보면 명리의 한문용어에도 익숙해지고, 구결의 비밀도 이해하는 좋은 밑거름으로 자리 잡을 것을 확신한다. 나아가 명리구결의 중요성을 널리 사람들에게 알리게 되었음을 기쁘게 생각한다.

壬寅年 立秋 삼각산인 합장

일러두기

● 이 책에 수록된 구결은 도계 박재완 저,『명리요강』에 수록된
  '고서개요(古書槪要)'의 내용을 편집한 것이다.

● '고서개요(古書槪要)'는 『삼명통회(三命通會)』, 『명리정종(命理正宗)』
  『적천수(滴天隨)』, 『연해자평(淵海子平)』등에 수록된 주요 구결들을
  도계 박재완 선생님이 발췌한 것이다.

● '고서개요(古書槪要)'의 내용 중 오자(誤字)로 추정되는 부분은
  '원전(原典)'을 찾아 대조 교정했다.

● 도계 박재완 선생님의 해설 부분은 국한문 혼용으로 쓰여 있으므로,
  시대와 맞지 않는 부분은 현대문으로 고쳤다.

목 차

들어가는 말

일러두기

1. 고인전결(古人傳訣)

고인전결(古人傳訣)

先看年月日時하여 配合干支하고
선 간 년 월 일 시　　배 합 간 지

먼저 년두법과 시두법으로 간지를 배정하고

次看節氣深淺하여 較量輕重하라.
차 간 절 기 심 천　　교 량 경 중

다음으로 절기의 심천을 보아 경중(輕重)을 교량(較量)하라. 가령 입춘

초에는 목과 화가 약하고 우수 후에는 목이 왕(旺)하여 화는 자연으로 왕(旺)함과 같으니 타 계절에도 일반이다.

五行之理가 不出乎旺弱寒熱
오 행 지 리 불 출 호 왕 약 한 열

生克沖合이요
생 극 충 합

오행의 이치는 왕약한열(旺弱寒熱)과 생극충합(生剋沖合)으로 나오지 않은 것이 없다. 일주가 약하면 보조하고 일주가 왕(旺)하면 제복(制服)해야 좋으며, 한랭하면 온난하게 해 줘야 길하고 염열(炎熱)하면 윤습하게 해야 길하다. 용신을 생하면 길하고 용신을 극하면 불길하다. 기신(忌神)을 충퇴(沖退)하면 길하고 길신(吉神)은 충퇴하면 불길하다. 기신을 합거(合去)하면 길하고 용신을 합거하면 불길하다.

八字之要가 都在於財官印食
팔 자 지 요　　도 재 어 재 관 인 식
祿刃之變化라.
록 인 지 변 화

팔자의 요체가 재관인식과 녹인(祿刃)의 변화에 있다. 재는 정편재(正偏

財)요. 관은 정편관(正偏官)이요, 인은 정편인(正偏印)이요, 식은은 식상(食傷)이요, 록은 갑록재인(甲祿在寅)의 류(類)며 인(刃)은 양인(羊刃)을 말한다. 이것을 십정격(十正格)이라 하는 바 왕자가 쇠자를 극하는데 쇠자를 생하는 원신이 극하는 중간을 통관시키면 길하며, 왕자를 제복하고 약자를 생조하면 흉화위길(凶化爲吉:흉이 길로 변함)이 된다.

强者는 宜抑이나 太强則從하고
강 자   의 억   태 강 즉 종

강자는 억제함이 당연하나 태강한 자를 억제하면 도리어 화(禍)가 되니, 그러므로 강세를 순종하여야 길하다.

弱者는 宜扶나 太弱則棄라.
약 자 의 부 태 약 즉 기

약한 자는 생부함이 당연하나 태약하면 본명을 버리고 강자를 종(從)해야 한다. 강약은 가령 木이 寅卯亥子월에 생(生)하여 성방(成方), 성국(成局), 유취(類聚)하면 왕강(旺强)이요. 다른 월에 생하여 극설이 태다하면 약이라 하나니 火金水土도 이와 같다.

五陽이 皆陽이나 丙爲最요
오 양　개 양　병 위 최

　오양(五陽)이 모두 양이지만 丙火가 가장 으뜸이다. 오양은 甲丙戊庚壬이니 甲은 대림목(大林木), 丙은 태양화(太陽火), 戊는 산릉토(山陵土), 庚은 완금(頑金), 壬은 강해수(江海水)이다. 그 가운데 丙火가 가장 강한지라 뿌리가 없어도 태약이 아니며 종(從)하는 성질이 희소하다.

五陰이 皆陰이나 癸爲至라.
오 음　개 음　계 위 지

오음(五陰)이 모두 음이지만 癸水가 가장 지극하다. 오음은 乙丁己辛癸니 乙은 초근(草根)이요. 丁은 등화(燈火), 己는 장벽(墻壁)이요. 辛은 주옥(珠玉)이요. 癸는 습로(濕露)다. 태양은 공기와 광선과 같으므로 丙이 가장 양성이 강하다 한 것이며, 癸水는 음습하여 수분과 같으므로 계위지(癸爲至)라 한다. 이 가운데 조화가 있다 하겠다.

陽干은 從氣不從勢요
양 간 　 종 기 부 종 세

양간은 기를 따르고 세를 따르지 않는다. 양간은 남자의 성품과 같아서 비록 쇠약하더라도 일점의 생부(生扶)가 있으면 독립하는 근성이 있다. 종세(從勢)하지 않다가 생부하는 운을 만나면 발연(勃然)흥왕하나 극쇠한 운을 만나면 평생이 고난하다. 종기(從氣)라 함은 일주 외에 타신(他神)이 방국(方局)이 되든지 월령(月令)의 왕신(旺神)이 유취(類聚)하면 부득이 종함을 말하며, 부종세(不從勢)라 함은 보통으로 유취(類聚)한 신(神)을 종하지 아니함을 말한다. 木에는 水가 生이 되고 木

이 부(扶)가 되니 金水木火土가 다 일반이다.

陰干은 從勢無情矣라.
음 간   종 세 무 정 의

음간은 무정하고 세(勢)를 따른다. 음간은 여성의 성품과 같아서 재왕(財旺)하면 종재(從財)하고 살왕(殺旺)하면 종살(從殺)하게 된다. 그래서 비록 월령이 통근하고 좌하(坐下)가 생지(生地)라 하더라도 다른 왕신이 성방하거나 성국해서 유취하여 왕강(旺强)하면

인정과 의리를 불계(不計)하고 중하게
된다. 대개 일주의 왕약이 월건(月建)
에 있고 좌하가 또한 중하다.

陽干은 動且强에 速達顯災祥이요
양 간 동 자 강 속 달 현 재 상

양간은 동적이라 강하고 재앙과 복이
나타남이 빠르다. 양간이라 함은 甲이
양간이 아니요, 乙이 음간이 아니다.
천간은 양동(陽動)이니 통칭 양간이라
하며 천간은 양성(陽性)이니 단순하여
생극이 신속함을 말한다.

陰支는 靜且專에 否泰每經年이라.
음지   정차전   비태매경년

 음지는 정적이고 전일하여 나쁘고 태
평함이 년(年)에 따라 나타난다. 음지
라 함은 子가 양지가 아니요, 丑이 음
지가 아니요, 지지는 음정(陰靜)이니
통칭 음지(陰支)라 한다. 지지 중에 인
원(人元)이 상호 암장(暗藏)하여 길신
과 흉신이 공유하므로 일시적으로는
화복을 보지 못하나 세와 운에 인동(引
動)하면 길흉이 나타난다.

天戰은 猶自解나
천 전　유 자 해

　천간끼리의 상전(相戰)은 스스로 해결할 수 있다. 천간의 상전은 甲이 庚을 보고 丙丁이 壬癸를 봄과 같으니 가령 甲庚이 상전하는 사이를 통관하면 화해되고 통관이 되지 않더라도 타신(他神)이 합이 되거나 극이 되면 해구(解救)가 된다.

地戰은 急如火라.
지 전　급 여 화

지지끼리의 상전(相戰)은 급하기가 불과 같다. 지지상전(地支相戰)은 子午卯酉 등의 상충이니 가령 천간이 극전(尅戰)하더라도 지지가 안정되면 장애가 없으나 지지가 상충되면 천간이 구하지 못한다. 왜냐하면 천간은 묘(苗)와 같고. 지지는 뿌리와 같은 때문이다.

　가령 싹은 말랐어도 뿌리가 상하지 않으면 의연 가용(可用)이나 뿌리가 약하고 상하면 싹은 상하지 아니했더라도 자연 마르게 된다. 명서(命書)에 이르기를 "간극(干克)은 위경(爲輕)이나 지충(支沖)은 위중(爲重)이라."[1] 하니 천전(天戰)과 지충(支沖)의 진리를 잘 관찰하라.

合有利不利요 合多에 不爲奇라.
합 유 리 불 리   합 다   불 위 기

합(合)은 유리한 때와 불리한 때가 있고 합이 많으면 좋지 않다. 합은 화(化)와 다르니 화는 득시득지(得時得地)하고 성방성국(成方成局)이라야 되는 바, 심상(尋常)한 상합(相合)으로는 화가

---

1) 천간의 극은 가벼우나 지지의 충은 중하다

되지 않는다. 간지가 상합하면 유정유력(有情有力)하고 기화단결(氣和團結)하여 일종의 귀조(貴兆)가 된다. 그러나 합이 과다하면 도리어 기명(奇命)이 아니다. 명서(命書)에 말하기를, "과어유정(過於有情)이면 지무원달(志無遠達)"[2]이라 하니 합이 많으면 진취성이 부족하다. 또 길신을 합하면 불길하고 흉신을 합하면 반길(反吉)이다.

삼합(三合), 육합(六合) 외에 암합(暗合)이 있으니 巳丑相合(戊癸/丙辛), 午亥相合(甲己/丁壬), 子巳相合(戊癸),

---

2) 합이 많으면 뜻이 원대하지 못하다.

寅丑未合(甲己), 卯申合(乙庚), 辰戌子(戊癸)라.

합에는 유리와 불리함이 있다. 가령 木이 겨울에 태어나 丙화가 투출함을 기뻐하는데 辛이 있어 丙을 합하면 그 작용을 잃은 것이다. 겨울에 금수상관격은 丁이나 午로 수온금난(水溫金暖)케 해줘야 하는데 壬이 있어 합해 버리면 또한 그 작용을 잃게 된다.

이상은 합해서 불리한 경우다. 甲이 己로써 재성을 삼는데 己가 와서 甲을 합하면 이것은 재(財)가 와서 나를 합한 것이니 길(吉)이 된다. 그러나 혹 亥

중 壬수를 쓰는 경우에 寅이 있어 亥를 합해 버리면 합화가 되어 불리하게 된다. 암합(暗合)이라 함은 가령 子巳가 암합인데 子중에 癸水와 巳중에 戊土가 상합(相合)하는 것이다.

旺者를 沖之則益發하고 衰者를
왕 자   충 지 즉 익 발   쇠 자

沖之則拔根이라.
충 지 즉 발 근

왕한 자를 충하면 더욱 발동하고 쇠자는 충을 당하면 뿌리가 뽑힌다. 왕쇠(旺衰)는 월령에 의하여 알 수 있으나 전국(全局)의 기세를 보아야 한다. 子午가 상충할 때에 寅卯巳午未戌등과 甲乙丙丁자가 많으면 午가 왕(旺)이 되고 子가 쇠(衰)가 되며, 申酉亥子丑辰 등과 庚辛壬癸자가 많으면 子가 왕이 되고 午가 쇠가 된다.

　가령 쇠한 희신을 기신(忌神)이 충하면 흉이 되고, 쇠한 기신을 희신이 충하면 길하다. 왕자가 희신인데 기신이 충하면 왕자가 익발하므로 길하고. 왕자가 기신인데 희신이 충하면 왕자가 익발(益發)하므로 흉하다. 원국의 희기를 잘 판정하여 쇠왕으로 분해(分解)하면 길흉이 드러난다.

天地가 順遂하여 清而有精神이면
천지　　순수　　　청이유정신

平生富貴요 干支가 混亂하여
평생부귀　　간지　　혼란

濁而乖悖하면 一生貧賤이라.
탁이괴패　　　일생빈천

　　사주가 순수하여 청하고 정신이 또렷
하면 평생 부귀하고 간지가 혼란하여
탁하고 어그러지면 일생이 빈천하다.
사주의 순청탁란(純清濁亂)을 말하니,
순수(順遂)라 함은 체용(體用)이 배합
하여 상생유정한 것을 말한다. 청이유
정신(清而有精神)은 기세가 단결하고

사주가 호위유정(護衛有情)한 것을 말하며, 이와 반대면 혼란하다고 한다. 격국의 고저와 빈부귀천의 핵심이 여기에 있다.

간지배합은 생극제화(生克制化) 회합형충(會合刑沖)의 팔자(八字)를 보고 격국을 배열하여 왕약한열을 배성(配成)하면 순수정수(順遂精粹) 유정무정(有力有情)과 괴패혼란(乖悖混亂) 무력무정(無力無情)을 분별하게 된다.

순수정수는 청(淸)하여 무형(無形) 중에 자연(自然) 일종의 정신이 있고 괴패혼란은 탁하여 사주가 산만하고 편고함을 말한다. 동일 귀격에도 고저가 있고, 동일한 부격(富格)에도 대소가 있으며, 동일한 빈천에도 차등(差等)이 있으니 그 원인은 순수정수와 괴패혼란에 있다. 순수정수라 함은 통근록왕(通根綠旺)을 말하는 것도 아니고 살인상생(殺印相生)도 아니다. 사주의 배합이 중화되어 충할 자는 충해 주고, 합할 자는 합해 주며, 극할 자는 극해 주고, 생할 자는 생해 주는 것을 말한다. 이와 반대로 서로 배반되면 이것을 괴패혼란이라 한다.

地生天者와 天合地者는
지 생 천 자   천 합 지 자

宜靜怕沖이라.
의 정 파 충

　지지가 천간을 생하고 천간이 지지를 합하는 간지는 마땅히 안정되어야 하고 충을 두려워한다. 지지가 천간을 생하는 것은 丙寅, 戊寅. 壬申. 戊申의 4일생을 말한다. 일주가 장생(長生)되는 地支 위에 있으므로 타신의 생부가 없을 때에는 좌하장생(坐下長生)이 용(用)이 됨을 말한다.

　원국에 형충(刑沖)을 꺼리며 운로에

도 형충을 만나면 불길하다. 원국에 형충이 없고 운로에 형충을 만나면 불길하기는 하나 대흉은 없다.

천간이 지지를 합함은 戊子, 辛巳, 壬午, 丁亥, 甲午, 己亥, 癸巳 7일이니 천간이 지지중의 지장간과 합한 것을 말한다. 합(合)과 화(化)는 다르니 상하가 상합하면 정신이 단결하고 합이 없으면 상하가 기세산만하다.

가령 戊子일은 戊癸가 상합하여 재성이 좌하에 유정하니 타인이 분탈(分奪)할 수 없고, 辛巳는 丙辛이 상합하여 좌하에 관성이 내합(來合)하니 그 정이

친절하며 기세가 단결해 있다. 그러나 원국이나 운로에서 충동함을 꺼린다.

甲申 庚寅은 眞爲殺印相生이요,
갑신 경인　　진위살인상생

戊寅 癸丑 庚午는 兩神興旺이라.
무인 계축 경오　　양신흥왕

甲申 庚寅은 진정한 살인상생(殺印相生)이고 戊寅 癸丑 庚午는 양신흥왕(兩神興旺)이다. 六甲 중에 천간에 지지를 극함과 천간을 극함이 많은데 하필이면 5일만을 들어 말하는 데는 까닭이 있다.

甲申 庚寅일은 절지에 있으나 申중 壬수가 寅중 甲목을 生하며 寅중 戊토가 申중 庚금을 생하여 인성장생(印星長生)이 절처봉생(絶處逢生)되므로 기신이 길신으로 변한다.

戊寅일은 寅중 甲목과 丙화가 접속하여 戊토를 생해주고 癸丑일은 丑중 辛금이 금수상생하여 근원이 되어 있고. 庚午일도 午중에 己토가 있어 丁己득록하여 관인(官印)이 상생하므로 이 날의 명조는 귀격이 많다.

上下는 貴乎情和하고
상 하 귀 호 정 화

左右는 貴乎氣協이라.
좌 우 귀 호 기 협

상하는 유정하고 화합하여야 하고 좌
우는 기가 서로 협력하여야 귀하다. 상
하정화(上下情和)라 함은 전문과 같이
지생천(地生天)과 천합지(天合地)와
살인상생과 상하유정을 말하고. 좌우
기협(左右氣協)은 甲子일 乙丑시나 丁
亥일 壬寅시와 같이 좌우로 간지 상합
함을 말한다. 이것을 천지덕합(天地德
合)이라 한다.

辛亥가 丁巳를 보면 相冲이지만 巳중

丙火가 合辛하고 亥중 壬水가 合丁하는 것을 진기왕래(眞氣往來)라 하여 월일시가 교호암합(交互暗合)함이 귀조이다. 월일(月日)이나 일시가 교합함도 귀기(貴氣)가 되는 바 이는 성격(成格)은 아니지만 참고로 길조(吉兆)의 일부가 되는 것이다.

眞從眞化者는 貴하고
진 종 진 화 자 귀

진종(眞從)이나 진화(眞化)는 귀하다. 진종(眞從)은 종강(從强), 종살(從殺), 종재(從財), 종아(從兒) 등이니 한

군데도 병처(病處)가 없으면 귀격이다.
'탈차배이 기견차배(脫此輩而 忌見此
輩)'니 이곳에서 저곳으로 거주처를
옮겼으면 옛 거주지가 발전됨을 바랄
필요는 없는 것이고. 현 거주지가 발전
하여야 길한 것이다.

진화(眞化)는 甲己合化土의 류(類)
이니 해신(害神)이 없으면 현달(顯達)
하여 공명을 세을 인재다.

假從假化者는 賤이라.
가 종 가 화 자 천

종격이 부진(不眞)하며 화격(化格)이 진정하지 못함을 말한다. 가령 종살격(從殺格)에 살(殺)을 해(害)하는 신이 있든지 일주를 무력한 신(神)이 생부하든지 하면 도리어 병이 되므로 가종(假從)이라 하며, 가화(假化)라 함은 예컨데 甲己가 합화토(合化土)하였는데 乙이나 戊가 있어 합을 방해하든지 또는 己가 둘이 되어 쟁합이나 투합이 되면 가화(假化)가 됨을 말한다.

最怕歲運相沖이요
최 파 세 운 상 충

鬱乎歲運同倂이라.
울 호 세 운 동 병

가장 두려운 것은 대운과 당년 태세가 상충함이고 답답한 것은 대운과 세운이 같은 자가 오는 것이다. 두려운 것은 대운과 당년 태세(太歲)가 상충함이니 子운에 午운을 만나면 전극(戰剋)이 되어 불길하다. 중(重)하면 재앙이 있고 경하면 손재(損財)하고 분주(奔走)하다.

대운과 당년 태세가 동병(同倂)3)은

---

3)복음(伏吟)이라고도 한다.

子운에 子년을 만나면 우울반복(憂鬱反覆)하여 동지(動止)가 미정(未定)함을 말한다.

閑神은 有喜處하고 亦有忌處라.
한 신   유 희 처   역 유 기 처

한신(閑神)은 상황에 따라 좋을 때도 있고 나쁠 때도 있다. 원국에 한신이 있다가 운상(運上)에 기신(忌神)을 합하거나 충하면 흉운(凶運)이 흉하지 않고 운상에 길신이 합하거나 충하면 길운이 길한 것이 아니다.

官不可傷이나 **官多**에 **反爲殺**이요
관 불 가 상　　　관 다　　　반 위 상

정관은 生함을 기뻐하고 상하는 것이
불가하나 관성이 또 있으면 殺이 된다.

殺必制化나 **制殺太過**하면
살 필 제 화　　　제 살 태 과

反爲災라.
반 위 재

칠살은 반드시 제복하여야 길하며 화
살(化殺)과 합살(合殺)도 또한 길하나
제살이 태과(太過)하면 도리어 재앙이
된다.

干克은 干有生合이면 可救나
천 극   간 유 생 합   가 구

    천간의 극함은 생함이 있거나 합이 있으면 구제할 수 있다. 천간이 극하는데 천간으로 生함이 있으면 통관(通關)으로 접속상생이 되므로 극함을 구제하게 된다. 천간으로 합함이 있으면 탐합망극(貪合忘克)이니 길하며. 극제함이 있으면 자복부수(子復父讐)4)로 흠이 없게 된다.

---

4) 자식이 아비의 원수를 갚음

支沖은 干有生助라도 不解라.
지 충 간 유 생 조 불 해

　지지(地支)의 충(沖)은 천간에서 생하더라도 구(救)하지 못한다. 가령 巳亥상충이 있는데 천간에 庚辛금이 있어도 亥를 생하지 못하는 것이며. 甲乙木이 있어도 巳를 生하지 못하는 예다.

天元은 必喜通根이요
천 원 필 희 통 근

　천간(天干)의 신(神)이 지지(地支)에 통근(通根)하면 뿌리가 견고(堅固)하여 지엽(枝葉)이 무성(茂盛)함이요.

人元은 要透天干이라.
인 원　　요 투 천 간

　지지(地支) 중에 소장인원(所藏人元)은 천간(天干)에 투출(透出)하여야 효력이 발휘된다. 가령 寅 중에 戊丙甲이 있는데 천간(天干)으로 戊토가 투출(透出)하면 戊토가 유력(有力)하고 甲목이 투출(透出)하면 甲목이 유력(有力)하며 丙화가 투출(透出)하면 丙화가 유력(有力)한 예이다.

旺者가 入墓하면 太過故로 凶이요
왕자　　입묘　　태과고　흉

　왕자(旺者)가 입묘(入墓)하면 전체지물(全體之物)이 합치동력(合致同力)하므로 태과(太過)하여 흉(凶)하다.

衰者가 入墓면 得類故로 吉이라.
쇠자　　입묘　득류고　길

　쇠자입묘(衰者入墓)에 대하여 여러번 경험한 결과, 약신(弱神)의 회국(會局)으로 입묘(入墓)하면 길(吉)하고, 천간

용신(天干用神)이 약(弱)한데 입묘운(入墓運)에 불길(不吉)함이 많으니 대개 입묘운(入墓運)은 흉(凶)이 많고 길(吉)이 적다.

官殺이 克身에 傷食이 雖吉이나
관 살   극 신   상 식   수 길

印星通關이 尤美요
인 성 통 관   우 미

관살(官殺)이 나를 극(克)함에 비록 상식(傷食)이 길(吉)하다 하지만 인성(印星)으로 통관(通關)함이 더욱 아름답다. 제살(制殺)함은 이력복지(以力

服之)[5]하고 화살(化殺)함은 이인화지
(以仁化之)[6]함을 말한다.

財逢劫刃에 官殺이 雖吉이나
재 봉 겁 인   관 살   수 길

傷食이 泄氣함이 더욱 妙하다.
상 식   설 기   묘

재성(財星)이 비겁(比劫)이나 양인
(羊刃)을 만나면 관성(官星)이 겁인(劫
刃)을 극제(克制)함이 길(吉)하나 상식
(傷食)이 설기(泄氣)하여 재성(財星)을
생하면 더욱 좋으니 원신(原神)과 기신

---

5) 힘으로 제복시킴
6) 인의로 변화시킴

(忌神)이 함께 동(動)하여 도리어 장생 (長生)이 되는 연고(緣故)이다.

梟神이 奪食에 比劫이 恩星이요
효신   탈식   비겁   은성

효신(梟神)이 식신(食神)을 상(傷)하는데 비겁(比劫)이 있으면 통관상생 (通關相生)되어 해로움이 없게 된다.

財星이 破印에 官殺이 藥神이요
재성   파인   관살   약신

比劫이 喜神이라.
비겁   희신

재성(財星)이 인성(印星)을 극파(克破)하는데 관살(官殺)은 재인(財印) 중간을 통관(通關)하므로 약신(藥神)이 되고 비겁(比劫)은 재성(財星)을 극(克)하며 인성(印星)을 구해 주므로 희신(喜神)이 된다.

傷官이 見官이 爲禍百端이나
상관 견관 위화백단

財興則救요.
재 흥 즉 구

상관(傷官)이 관성(官星)을 보면 백가지의 화(禍)가 일어나지만 재성(財

星)이 흥(興)하면 해구(解救)된다. 상관(傷官)이 견관(見官)이면 화(禍)가 됨은 민란지방에서 민중이 관(官)을 축출(逐出)하고 자기들이 권한(權限)을 좌우(左右)하다가 관(官)이 다시 취임(就任)하면 민란자들을 일일이 치죄(治罪)하게 될 것이니 어찌 화(禍)를 당하지 않을 수 있는겠는가! 그러나 재성(財星)이 흥(興)하면 통관(通關)이 되어 해(害)가 됨을 구(救)하게 된다.

金水傷官과 木火傷官은 官爲要라.
금 수 상 관   목 화 상 관   관 위 요

금수상관(金水傷官)과 목화상관(木火傷官)은 관성(官星)을 요한다. 금수상관(金水傷官)은 금일주(金日柱)가 추동(秋冬)에 생(生)하여 지지(地支)로 수(水)가 성(盛)하여 금한수냉(金寒水冷)한 사주(四柱)이므로 관성(官星)인 화(火)를 보면 금난수온(金暖水溫)하게 되어 길(吉)하고, 목화상관(木火傷官)은 목일주(木日柱)가 춘절(春節)에 목왕(木旺)한데 화(火)를 보아 목화통명(木火通明)이므로 금(金)을 만나면 왕목(旺木)을 작파(斫破)하여 불이 잘 타게 하는 이치이다. 하목(夏木)은 화

(火)가 상관(傷官)이니 조열(燥熱)한데 금(金)의 관성(官星)을 보면 수분(水分)을 도와 윤습(潤濕)하므로 역시 길(吉)하다.

水木傷官과 土金傷官과
수 목 상 관   토 금 상 관

火土傷官은 見官이면 害가 된다.
화 토 상 관   견 관   해

이상(以上) 토목화(土木火)의 삼상관(三傷官)은 관성(官星)을 보면 불길(不吉)하다. 혹 상관용재격(傷官用財格)에 비겁(比劫)이 태왕(太旺)한 때에는 관운(官運)을 만나 비겁(比劫)을 제복(制伏)하고 재성(財星)을 구하면 길(吉)하다는 고문(古文)이 있으니 이런 때는 관성(官星)을 만나도 큰 해(害)가 없다 하겠다.

病藥은 吉凶이 迅速이요
병약   길흉   신속

사주(四柱)에 병(病)과 약(藥)이 있을 때에 그에 따른 길흉(吉凶)은 신속하게 나타난다. 병(病)이 중(重)하고 약(藥)이 중(重)하면 대부대귀(大富大貴)의

명(命)이요. 병(病)도 가볍고 약(藥)도 가벼우면 소부소귀(小富小貴)하며 무병무약(無病無藥)한 명조(命造)는 심상(尋常)한 사람에 불과하다. 병(病)이 있는 사주(四柱)가 약(藥)을 만나면 마른 싹이 비를 만난 것처럼 돌연히 흥(興)하고 길운(吉運)이 지나면 불길(不吉)하다.

中和는 吉凶이 平坦이라.
중화   길흉   평란

중화(中和)된 사주(四柱)는 길흉(吉

凶)이 평탄(平坦)하다. 중화(中和)된 사주(四柱)는 순운(順運)을 만나면 복(福)을 누리고 역운(逆運)을 만나더라도 큰 화(禍)가 적다.

官有可混不可混이요
관 유 가 혼 불 가 혼

대개 관살혼잡(官殺混雜)이 불길(不吉)하나 때로 용(用)하는 경우가 있다. 첫째, 살인통관국(殺印通關局)은 관살혼잡(官殺混雜)을 꺼리지 않으며 둘째, 살경제중국(殺輕制重局)은 관봉관운

(官逢官運)이라도 관살혼잡운(官殺混雜運)을 꺼리지 않으며 셋째, 금일주(金日柱)가 추동월(秋冬月)에 생(生)하여 병화(丙火)로 조후(調候)하고 정화(丁火)로 연금(鍊金)하여 귀명(貴命)이 되니 관살혼잡(官殺混雜)이 해(害)가 되지 않는다.

兩神併立不併用이라.
양 신 병 립 불 병 용

양신(兩神)이 병립(併立)해도 병용(併用)하지는 못한다. 가령 金일주(日

柱)가 왕절(旺節)에 생(生)하여 수(水)도 있고 화(火)도 있으면 왕금(旺金)을 수(水)로 설기(泄氣)하고 왕금(旺金)을 화(火)로 단련(鍛鍊)하므로 길(吉)한데 국세(局勢)를 보아 설기(泄氣)로 용(用)을 삼든지 단련(鍛鍊)으로 용(用)을 삼든지 하고 양신(兩神)을 병용(倂用)하지는 못함을 말한다.

春夏에 以水潤之면 萬物이
춘하   이수윤지   만물

發生하리니 燥則物枯하고
발생   조즉물고

봄여름에 수(水)로써 윤택(潤澤)하게 하면 만물(萬物)이 생하지만 조(燥)하면 만물(萬物)이 시든다. 춘절(春節)에 화토(火土)가 성(盛)하여 일점(一點)의 수기(水氣)가 없으면 조(燥)한 것이 병(病)이니 수(水)가 약신(藥神)이라, 특히 하절(夏節)은 수(水)가 없고 금(金)에 윤기(潤氣)가 없으면 하격(下格)이다.

秋冬에 以火暖之면 萬物이
추 동   이 화 난 지   만 물

化成하리니 濕則物病이라.
화 성   습 즉 물 병

추동(秋冬)에는 화(火)로써 온난(溫暖)케 하면 만물(萬物)이 성(盛)하고 습(濕)하면 병(病)이 된다. 추절(秋節)에는 오행(五行)을 막론하고 화(火)가 없으면 냉(冷)하여 만물(萬物)이 불성(不成)하며 특히 동절(冬節)은 화(火)가 희신(喜神)이니 화(火)가 없으면 하격(下格)이다.

天干金水는 爲寒이며 木火는
천 간 금 수   위 한   목 화

爲暖이요
위 난

천간(天干)의 금수(金水)는 한(寒)이
며 목화(木火)는 난(暖)이다. 천간(天
干)으로 庚辛壬癸는 한냉(寒冷)함이
요, 甲乙丙丁은 온난(溫暖)함이다.

地支西北은 爲濕이요
지 지 서 북   위 습

東南은 爲燥라.
동 남   위 조

추동(秋冬)의 지지(地支)는 습(濕)이
요 춘하(春夏)의 지지(地支)는 조(燥)
이다. 지지(地支) 亥子丑申酉辰은 습지
(濕地)요 寅卯巳午未戌은 조(燥)라 한다.

陽暖支上에 臨甲乙丙丁戊면
양 난 지 상 임 갑 을 병 정 무

暖而近於燥요.
난 이 근 어 조

寅卯巳午未戌의 지지 위에 甲乙丙丁
戊가 개두(蓋頭)하면 온기(溫氣)가 있
으니 조(燥)에 가깝고

陰寒支上에 臨己庚辛癸면
음 한 지 상 임 기 경 신 계

寒而流於濕이라.
한 이 류 어 습

申酉亥子丑辰의 지지 위에 庚辛壬癸

己가 개두(蓋頭)하면 한기(寒氣)가 유습(流濕)함이라.

寒濕之間에는 宜太陽之溫이요
음 한 지 간   의 태 양 지 온

한습(寒濕)함이 병(病)이 될 때에는
丙화가 최길(最吉)이요

暖燥之中에는 喜雨露之潤이라.
난 조 지 중   희 우 로 지 윤

난조(暖燥)함이 병(病)이 될 때에는
癸수가 최길(最吉)이다.

過於濕者는 滯而無成하고
과 어 습 자 체 이 무 성

만국(滿局)이 한습(寒濕)한데 화(火)
가 없으면 매사(每事) 불성(不成)이요

過於燥者는 熱而有災라.
과 어 조 자 열 이 유 재

전국(全局)이 조열(燥熱)하여 수(水)
가 없으면 재앙(災殃)이 끊이지 않는다.

熱火는 最喜濕土요
열 화 최 희 습 도

燥土는 最喜潤金이라.
조 토 최 희 윤 금

열화(熱火)는 수(水)를 쓰는 것보다 습(濕)한 토(土)를 가장 좋아하고 조토(燥土)는 윤금(潤金)을 가장 좋아한다. 열화(熱火)에 수격(水激)이면 충화(沖火)하여 재앙(災殃)이 되므로 진축토(辰丑土) 등으로 설화윤지(泄火潤之)면 길(吉)하고, 조토(燥土)는 봉수(逢水)면 역시 반동(反動)이 있으니 금(金)으로써 설즉위길(泄則爲吉)이라.

吉神은 宜乎藏이요
길 신   의 호 장

　길신(吉神)은 지지(地支)에 유근(有
根)함이 길조(吉兆)요

凶神은 宜乎露라.
흉 신   의 호 로

　흉신(凶神)은 투로(透露)하여 무근
(無根)함이 길조(吉兆)다.

財官이 不眞則貧賤이요
재 관   부 진 즉 빈 천

재봉겁인(財逢劫刃)에 상식(傷食)이 없으면 빈(貧)하고, 관봉휴수(官逢休囚)면 천(賤)하며

滿局이 無情이면 一生이 無成이라.
만국　　무정　　일생　　무성

만국(滿局)이 무정(無情)하면 일생(一生)에 성사(成事)되는 일이 없다. 木용신(用神)이 金운을 만난 류(類)이니 연목구어(緣木求魚)7)와 같다.

---

7) 나무에 올라 물고기를 구한다. 부질없는 짓

財通門戶則富요
재 통 문 호 즉 부

문호(門戶)는 월건(月建)이니 월재(月財)가 무상(無傷)하고 상식운(傷食運)을 만나면 평생 재산이 풍족하며

官星得地면 貴라.
관 성 득 지 귀

관성(官星)의 득지(得地)는 월건(月建)과 좌하(坐下)와 시상(時上)이 최길(最吉)한데 청이불혼(淸而不混)하고 왕이불상(旺而不傷)이면 귀명(貴命)이라

當察用神之有根無根이며
당 찰 용 신 지 유 근 무 근

　마땅히 용신(用神)이 뿌리가 있고 없음을 잘 살펴야 한다. 용신(用神)이 유기유근(有氣有根)하면 백사순성(百事順成)하고 용신(用神)이 무기무정(無氣無情)하면 범모불수(凡謀不遂)[8]하며

須要運路之干支利害하라.
수 요 운 로 지 간 지 이 해

운(運)은 천간(天干)이 선오년(先五

---

8) 모든 방법이 이루어지지 못함

年)이요. 지지(地支)가 후오년(後五年)인데 운도동방(運到東方), 운지북방(運至北方)이라 함은 운(運)은 지지(地支)가 중(重)하기 때문이다. 그러나 지지(地支)가 비록 길(吉)한 운(運)이라 하더라도 천간(天干)이 기신(忌神)이면 길기(吉氣)를 감(減)하고, 지지(地支)가 흉운(凶運)이라도 천간(天干)에 길신(吉神)이 개두(蓋頭)하면 흉(凶)함이 적다. 혹(或)은 운지(運支)가 육분(六分)이요 운간(運干)이 사분(四分)으로 보기도 하나 간지(干支)를 당년태세(當年太歲)와 겸해(兼解)함이 완전(完

全)할 듯하다.

身旺者는 財官이 爲用이며
신 왕 자　재 관　위 용

又喜傷食之秀氣요
우 희 상 식 지 수 기

　사주(四柱)의 요점(要點)은 신왕(身旺)하면 재관(財官)으로 용(用)을 삼는 것이니 재관왕운(財官旺運)을 만나면 길(吉)하고 재관(財官)이 휴극(休克)되는 운(運)을 만나면 불길(不吉)하다. 또는 상식(傷食)의 수기(秀氣)함을 기뻐한다.

身弱者는 印星이 爲用이요
신 약 자　　인 성　　위 용

比劫이 爲扶助之喜라.
비 겁　　위 부 조 지 희

　　명서(命書)의 천언만어(千言萬語)가
모두 왕약경중(旺弱輕重)에 있으니 신
약(身弱)할 때에는 소아(小兒)와 같아
서 부모(父母)가 생육(生育)하여야 하
므로 인성(印星)이 위용(爲用)이요 형
제(兄弟)가 보호(保護)하여야 하므로
비겁(比劫)이 희신(喜神)이다.

父母興衰는 歲月所關이요
부 모 흥 쇠　　세 월 소 관

부모(父母)의 흥쇠(興衰)는 태세(太歲)가 부모궁(父母宮)이요 월건(月建)이 초분(初分)이니 연월(年月)이 순수생아(純粹生我)하면 부모덕(父母德)이 있고 연월(年月)이 상충(相沖)하든지 월일(月日)이 상충(相沖)하면 부모덕(父母德)이 박(薄)하며 초분(初分)이 불길(不吉)하다.

兄弟興衰는 月提輕重이라.
형 제 흥 쇠   월 제 경 중

월건(月建)이 형제궁(兄弟宮)인데 일

간(日干)으로 월통일합(月通日合)하면 형제(兄弟)가 많으며 화목(和睦)하고, 월일(月日)이 충극(沖克)하든지 연월 (年月)이 충극(沖克)하면 형제무덕(兄弟無德)하며 또한 형제(兄弟)가 적거나 원방(遠方)에 거주(居住)하거나 중도(中途)에 불행(不幸)도 있다.

妻爲財星又坐下며 喜神도
처 위 재 성 우 좌 하   희 신
亦重이요 建財爲美요
역 중   건 재 위 미

처궁(妻宮)은 재성(財星)이 원리(元理)요 좌하(坐下)가 소중(所重)한데 희신(喜神)이 처(妻)가 된다 함도 역시 가(可)하다. 사주원국(四柱原局)이 순연무파(純然無破)하면 편고(偏枯)함이 없으며 양배유덕(良配有德)[9]이요 이와 반대면 처궁(妻宮)이 산란(散亂)하다.

子爲偏官又時支나 用神이
자 위 편 관 우 시 지   용 신

亦重하며 時支가 尤爲要所라.
역 중   시 지   우 위 요 소

---

9) 덕이 있는 좋은 배필

자성(子星)은 칠살(七殺)이 원칙인데 시지(時支)에 길신(吉神)이 있으면 자손이 발달하고 말년이 길(吉)한 것이니 처자흥쇠(妻子興衰)는 일시(日時)에 있다.

日時相沖이면 妻子有欠이라.
일 시 상 충　　　처 자 유 흠

일시(日時)가 상충(相沖)하면 남자는 처자궁(妻子宮)에 흠(欠)이 있고 여자는 남편궁(男便宮)에 흠(欠)이 있다. 또는 만혼(晚婚)을 하든지 만득자(晚

得子)를 두기도 하는데 직업으로는 기술자나 의약가도 많다.

戌亥天門은 敬神鍊精이요
술 해 천 문   경 신 연 정

사주(四柱) 중에 戌亥가 있으면 술해천문(戌亥天門)이라 하는바 평생 경신(敬神)이나 연정수도(研精修道)하게 되거나 의복풍(醫卜風)도 많다. 이는 남녀가 일반(一般)이다.

坐下財星과 坐下官星은
좌 하 재 성   좌 하 관 성

和睦家庭이요
화 목 가 정

 좌하(坐下)가 재성(財星)이나 관성(官星)이면 남녀간에 양배(良配)를 만난다.

時上傷食은 日主旺則子多하고
시 상 상 식　　　일 주 왕 즉 자 다

日主弱則子稀라.
일 주 약 즉 자 희

 남녀를 불문(不問)하고 일주(日柱)가 왕(旺)하면 자손이 많고 일주(日柱)가 약(弱)하면 적다. 남자는 시상상식(時上傷食)이 왕(旺)하면 자손이 희소(稀少)하거나 만득자(晩得子)를 둔다. 여자는 시상상식(時上傷食)이 길신(吉神)이다.

父母一離一合은 財臨印地요
부 모 일 리 일 합   재 임 인 지

재성(財星)은 인성(印星)을 극(克)하는 바 재성(財星)과 인성(印星)이 충극(沖克)하면 부모궁(父母宮)에 풍파(風波)가 생(生)한다.

財臨生宮에 破生宮하면
재 임 생 궁　　　파 생 궁

兼奉兩家宗祀라.
겸 봉 양 가 종 사

생자(生者)는 인성(印星)이니 재성
(財星)이 인고(印庫)를 파(破)하면 무
후봉사(無後奉祀, 후손이 없어 제사봉
양 못함) 혹은 처(妻)의 부모를 봉양
(奉養)하게 된다.

時上偏官에 有制하면 晩子榮이요
시 상 편 관　　유 제　　　만 자 영

시상편관격(時上偏官格)에 일주(日

柱)가 약(弱)하지 않고 세월간상(歲月干上)에 제살(制殺)이 있으면 만자(晚子)가 영기(榮奇)하며

時上偏官에 無制면 老而無子라.
시 상 편 관　무 제　노 이 무 자

시상편관격(時上偏官格)에 제(制)함이 없어서 일주(日柱)도 약(弱)하고 종(從)도 못 되면 늙도록 자식이 없다.

男有羊刃에 必重婚이요
남 유 양 인　필 중 혼

남명(男命)이 양인(羊刃)이 있으며 상식(傷食)의 화설(化泄)이 없으면 중혼(重婚)을 면하기 어렵다.

女犯傷官이면 須再嫁라.
여 범 상 관　　　수 재 가

여명(女命)이 상관(傷官)을 범(犯)하면 재가(再嫁)한다. 여명(女命)은 상관(傷官)을 크게 꺼리는 바 상관(傷官)은 관성(官星)을 극(克)하는 연고(緣故)이다.

金水傷官은 聰明而好色이요
금 수 상 관　　총 명 이 호 색

금수상관격(金水傷官格)은 총명(聰明)하나 호색(好色)하며

水土混雜에 必多愚라.
수 토 혼 잡   필 다 우

수토(水土)가 통관(通關)이 없고 혼잡(混雜)하면 크게 어리석다.

財多身弱도 重婚이요
재 다 신 약   중 혼

재성(財星)이 왕다(旺多)하여 신약(身弱)한데 인비(印比)를 만나지 못하

면 중혼(重婚)이요

身旺財弱도 再婚損財라.
신 왕 재 약   재 혼 손 재

　비겁(比劫)이 많은데 재성(財星)을
구(救)함이 없으면 처궁(妻宮)이 해
(害)롭고 재산에 손모(損耗)가 많다.

一殺이 猖亂이면 獨力可擒이나
일 살   창 란   독 력 가 금

　일살(一殺)이 투간(透干)에 상식(傷食)
이 제(制)하든지 합살(合殺)하든지 하여

일대일(一對一)로 제복(制伏)할 수 있으나

重殺이 混行이면 一仁이 可化라.
중 살 혼 행 일 인 가 화

관살(官殺)이 혼잡(混雜)함에는 제살(制殺)이 불능(不能)이나 살인(殺印)이 통관(通關)이면 일인(一仁)10)이라도 가화(可化)인데 재운(財運)은 가장 꺼린다.

六合이 有功이면 權存六部요
육 합 유 공 권 존 육 부

---

10) 인(仁)은 인성(印星)을 말한다.

육합(六合)은 寅亥합 甲己합 등의 종류로서 기신(忌神)을 합이화지(合而化之)하나니 양인합살(羊刃合殺)과 기신합거(忌神合去)하는 류(類)이다.

三刑이 得用이면 威振邊疆이라.
삼　형　　　득　용　　　　　위　진　변　강

　삼형(三刑)은 축술미(丑戌未)와 인사신(寅巳申)으로 인사신(寅巳申)이 더욱 중한데 삼형(三刑)이 용(用)이 되고 일주(日柱)가 왕(旺)하면 무관(武官)으로 이름이 난다.

五行이 各得其所者는
오 행   각 득 기 소 자

氣聚成福이요
기 취 성 복

합자(合者)는 합(合)하고 극자(克者)
는 극(克)하고 생부자(生扶者)는 생부
(生扶)하여 생왕(生旺)이 득지(得地)하
면 기화단결(氣和團結)하여 복(福)이
되고

一局이 皆失其垣이면 流湯無依라.
일 국   개 실 기 원   유 탕 무 의

전국(全局)이 무정(無情)하여 용신(用神)이 부진(不眞)하고 운로(運路)가 역행(逆行)이면 평생이 유탕(流蕩)하여 성사(成事)도 없고 가족의 인연도 박(薄)하다.

旣死에 亦非爲鬼요
기 사 　역비위귀

　사주(四柱)가 파격파국(破格破局)이 되었으나 일우(一偶)에 길성(吉星)이 있다가 길운(吉運)을 만나면 갱생(更生)함과 같다.

逢生에 又不成人이라.
봉 생　　 우 불 성 인

　원국(原局)에 허화(虛花)로 길(吉)하
게 되었으나 운로(運路)가 불순(不順)
하면 결과가 패산(敗散)하니 성공하는
사람이 못됨이라.

五行絕處에 祿馬扶身이요
오 행 절 처　　록 마 부 신

　오행(五行)의 절처(絕處)에서 재관
(財官)이 부신(扶身)한다. 관(官)은 록
(祿)이요, 재(財)는 마(馬)라. 일주(日

柱)가 절처(絶處)를 만나면 재관지지(財官之地)이니 흉(凶)할 듯하나 관(官)은 부신(扶身)의 근본(根本)이 되고 재(財)는 양명(養命)의 혈(血)이 되니, 따라서 부신무재(扶身無災)하다.

四柱奇中에 比劫이 分福이라.
사 주 기 중　　비 겁　　분 복

신왕재약(身旺財弱에) 재성운(財星運)을 만나면 길(吉)할 듯하나 비겁(比劫)이 쟁재(爭財)하여 분복반재(分福反災)하는 것이니 원국(原局)이 신왕

재약(身旺財弱)할 때에 식상(食傷)이 있으면 재성운(財星運)을 만나 발복(發福)하리라.

一陽에 解冬이요
일 양   해 동

동지(冬至) 후에 일양(一陽)이 시생(始生)하여 십일(十日) 후면 양기(陽氣)가 점승(漸升)이라 한동지기(寒冬之氣)를 해제(解除)할 수 있다.

三伏이 生寒이라.
삼 복   생 한

대서(大暑) 하순(下旬)에 사주간지
(四柱干支)에 금수(金水)가 성다(盛多)
하면 지생한상(地生寒霜)하여 만물(萬
物)이 근고(根枯) 함이라.

亢而不中和則害也라.
항 이 불 중 화 즉 해 야

열이무습(熱而無濕)과 한이무온(寒
而無溫)과 강이무제(剛而無制)와 약이
불구(弱而不救)는 중화(中和)가 못되
니 두터운 복(福)을 얻지 못하고

強而能柔는 吉之道也요.
강 이 능 유   길 지 도 야

　신왕(身旺)한 사람은 재관(財官)이
나 식상(食傷)으로 용이 되며, 신약(身
弱)한 사람은 인성(印星)이나 비겁(比
劫)으로 도움을 구한다. 원국의 부족
(不足)한 것을 대운에서 만나면 길하다.

柔弱偏枯는 小人之象이라.
유 약 편 고   소 인 지 상

　사주가 기화단결이 안 되고 왕약이
편중한 중에 대운에서도 길운을 만나

지 못하면 일생이 소인배이다.

剛建中正은 君子之風이라.
강 건 중 정   군 자 지 풍

　중정(中正)은 중화니 팔자 상하가 청
수유정하며 강이화유(剛而化柔)하고
약이화건(弱而化建)하며 운 또한 순행
이면 일동일정(一動一靜)이 군자지풍
(君子之風)이다.

過於寒濕이면 和暖處라도
과 어 한 습   화 난 처

終難奮發이요
종 난 분 발

지나치게 한습하면 온기를 만나더라
도 끝내 분발하지 못한다. 삼동(三冬)
의 한물(寒物)이 일점의 화기(火氣)도
없으면 비록 화난처(和暖處)를 만나더
라도 해동(解凍)되기 힘들다.

過於燥熱이면 水激處에
과 어 조 열   수 격 처

反爲凶災라.
반 위 흉 재

염상격(炎上格)에 수운을 만나면 도
리어 흉재가 된다. 혹은 하절에 오행이
조열한데 습토(濕土)운과 金운은 서서

히 해열이 되나 급하게 水운을 만나면
水火가 격렬하여 재환(災患)을 당한다.

過於執實이면 事難顯豁이요
과 어 집 실　　　　사 난 현 활

설기(泄氣)함이 전혀 없으면 대격이
되지 못할 뿐더러 순평하지도 않다.

過於淸冷이면 思有悽凉이라.
과 어 청 냉　　　　사 유 처 량

금수지국(金水之局)이 추동에 출생하
여 온기가 없으면 평생이 처량한 행색

이라.

過於有情이면 志無遠達이요
과 어 유 정　　지 무 원 달

　합이 많으면 뜻이 크지 못하다. 천간
지지에 삼합. 육합이 있고 용신이 왕기
(旺氣)를 얻지 못하면 재능이 있고 글
을 익혀도 국량(局量)이 부족하다.

過於用力이면 成亦多難이라.
과 어 용 력　　성 역 다 난

　힘을 씀이 지나치면 성공 또한 어려

음이 많다. 일주가 약한데 인비(印比)
운을 만나도 원국에 장애물이 있고 운
도 또한 간지가 순일치 못하면 매사가
막혀 곤란한 일이 끊이지 않는다.

過於貴人은 逢災自愈하고
과 어 귀 인   봉 재 자 유

귀인(貴人)이 많으면 재앙을 만나도
스스로 치유할 수 있다. 귀인은 천을귀
인(天乙貴人)을 말함이 아니고 신약이
절처봉생(絶處逢生), 신왕이 설기를 만
남(旺而泄氣), 억강부약(抑强扶弱) 등
이 귀인이다.

過於惡殺이면 遇福難亨이라.
과 어 악 살　　우 복 난 형

　악살(惡殺)이 많으면 복을 만나도 형
통하기 어렵다. 살현무제(殺顯無制)와
비겁극재(比劫克財) 중에 무식상(無食
傷)과 탐재파인(貪財破印)에 관성의
통관이 없는 류(類)니 어찌 복이 있으랴.

正官佩印에 乘馬면 高遷이요
정 관 패 인　　승 마　　고 천

　정관격에 정인(正印)이 성왕(盛旺)에
재성운을 만나면 길함이니, 재생관(財

生官)하고 관생인(官生印)하고 인생신
(印生身)이요.

七殺用財에 豈宜得祿이라.
칠 살 용 재   기 의 득 록

　재(財)를 써서 칠살을 돕는다면 어찌
록을 얻는 것이 적당하다 할 것인가!
칠살이 약하면 재로 도와야 귀인이다.
록(祿)은 갑록재인(甲祿在寅)의 류(類)
니 즉 비겁은 재성을 극하므로 비겁운
이 불길하다.

印逢財而에 罷職이요
인 봉 재 이　　파 직

인수(印綬) 용신에 재운(財運)을 만나면 파직(罷職)이요.

財逢印而遷官이라.
재 봉 인 이 천 관

신약재왕격에 인성운을 만나면 승진한다.

己入亥宮에 陰木見하면
기 입 해 궁　　음 목 견

終爲身弱이요
종 위 신 약

己亥일주가 乙목을 보면 끝내 신약이다. 亥중 壬수가 亥중의 甲목을 생하니 己토가 약함인데 또 乙목을 보면 태약(太弱)이라.

丁生酉境에 無助면 難回身弱이라.
정 생 유 경 무 조 난 회 신 약

丁일주가 좌하가 酉면 신약인데 인비의 도움이 없으면 신약함을 회복하지 못한다.

乙遇巳而見辛이면 身衰有禍요
을 우 사 이 견 신　　신 신 유 화

　乙巳일주가 辛금을 보면 일간이 쇠약
해지므로 화(禍)가 있다. 乙木이 巳宮
을 보면 巳중에 庚금이 있어 신약한데,
또 辛금 칠살을 보아 태약하므로 화
(禍)가 있다.

丙臨申位에 逢陽水면
병 임 신 위　　봉 양 수
難獲延年이라.
난 획 연 년

丙申일주가 壬수를 만나면 오래 살기 어렵다. 申중에 壬수와 庚금이 있어 壬수를 도우는데 또 壬수를 보면 丙화가 멸하므로 夭壽(요수)하리라.

金逢艮而遇丙이면 生旺無危요
금 봉 간 이 우 병　　　　생 왕 무 위

金이 寅을 보더라도 丙을 만나면 旺하고 위태롭지 않다. 간(艮)은 寅이라 비록 寅이 金의 절지(絶地)가 되나 寅중의 戊土가 있어 丙火로 접속상생하면 반길(反吉)이요.

水入巽而見金을 名爲不絶이라.
수 입 손 이 견 금   명 위 부 절

　癸巳일주는 金을 보면 절(絶)이라 하
지 않는다. 손(巽)은 巳라 비록 巳가 水
의 절지(絶地)이지만 金을 보면 절(絶)
이 되지 않는다.

歲傷日하면 名爲主本不和니
세 상 일   명 위 주 본 불 화

離鄕者多하고
이 향 자 다

　태세(太歲)가 일주를 극하면 부모덕

이 박하며 고향을 떠나는 사람이 많다.

日犯歲君이면 災殃이 必重이나
일 범 세 군   재 앙   필 중

有救면 免災라.
유 구   면 재

　일간이 태세(太歲)를 범하면 재앙이 중하나 구함이 있다면 재앙을 면한다. 일간이 양간인데 양년 태세를 극함과 일간이 음간인데 음년 태세를 극함이 더욱 중한 것이니 재앙이 닥친다. 그러나 타신이 태세를 구하면 재앙을 면한다. 당년(當年) 태세도 이와 같으니 참고하라.

丙子辛卯는 荒淫之弊요.
병 자 신 묘　　황 음 지 폐

丙子일 辛卯시는 음란하다. 도화함지 (桃花咸池)가 자묘상형(子卯相刑)하니 남녀간에 황음(荒淫)하거나 부부의 패가 있다.

時日에 相逢卯酉하면 始生이
시 일　　상 봉 묘 유　　　시 생

移徙頻數이라.
이 사 빈 삭

일시에 卯酉상봉이면 출생한 미구(未久)에 이사(移徙)하며 평생에 주거를 자주 옮기게 된다. 혹은 외방행이 있기도 한다.

子午卯酉 全備하면 男女間에
자 오 묘 유 전 비   남 녀 간

酒色荒迷요
주 색 황 미

子午卯酉의 도화(桃花)를 모두 갖추면 남녀간에 주색에 빠진다. 남자는 대격이 많으나 여자는 이유불문하고 불길하다.

寅申巳亥 全備하면 男則富貴之
인 신 사 해 전 비 　 　 남 즉 부 귀 지

大格이요 女則賤格이라.
대 격 　 　 　 여 즉 천 격

寅申巳亥를 모두 갖추면 남자는 대격으로 부귀하게 되나 여자는 천격이다. 이방생활로 이름을 얻기도 하나 행지(行止)가 부정하다.

辰戌丑未가 全備하면
진 술 축 미 　 전 비

男則大富貴요
남 즉 대 부 귀

女則孤獨하다.
여 즉 고 독

辰戌丑未를 모두 갖추면 남자는 대부
귀하나 여자는 고독을 면치 못한다.

雖成局이나 運逢忌神이면
수 성 국   운 봉 기 신

平生不遇요
평 생 불 우

  년월일시가 중화가 못 되고 성국은
되었으나 운이 기신으로 회전(回轉)하
면 평생 곤고(困苦)하며

雖未成格이나 運逢吉神이면
수 미 성 격   운 봉 길 신

平生無災라.
평 생 무 재

사주가 비록 격을 이루지 못했으나
길운을 만나면 일생이 평안하다.

殺顯無制者는 賤이요
살 현 무 제 자   천

칠살이 간두에 투출했는데 제화(制
化)가 없으면 천격이다. 그러나 제살운
을 만나면 몽중지병(夢中之餠)11)으로

11) 꿈속의 떡

일시적 성공이 있다.

地支에 **財伏暗生者**는 **奇**라.
지 지   재 복 암 생 자   기

지중 인원(人元)이 천간에 투출하여 재신(財神)이 용(用)이 되면 기특한 길운이요. 처덕도 유여하다.

去官留殺에 **有威權**이요
거 관 유 살   유 위 권

去殺留官은 **方爲福**이라.
거 살 유 관   방 위 복

관살이 함께 투간했는데 거관유살이
면 권력고관이요. 일주도 약하지 않고
관살이 병투한데 거살유관하면 재왕운
과 신왕운이 길하다.

傷官이 無財면 雖巧나 必貧이요
상 관   무 재   수 고   필 빈

상관격에 재성이 없으면 재승박덕(才
勝薄德)12)이요.

食神制殺에 逢梟하면 不貧則夭라.
식 신 제 살   봉 효   불 빈 즉 요

---

12) 재주는 있으나 덕이 없음

식신이 제살한 중에 효신(梟神)을 만나면 식신이 제살한 살(殺)이 다시 살아나리니 빈천하지 않으면 요수(夭壽)한다.

辰戌相沖에 運逢沖이면
진 술 상 충   운 봉 충

必犯於刑이요
필 범 어 형

辰戌이 사주에 충(沖)이 되었는데 운로에서 충을 만나면 관재(官災)가 생한다.

子卯가 相刑이면 門戶는
자 묘 　 상 형 　 문 호

全無禮德이라.
전 무 예 덕

子卯가 일시에서 상형하든지 월일에
서 상형하면 가문이 예와 덕이 없어 화
목하지 못하다.

子位子塡이면 孤嗟伯道요
자 위 자 전 　 고 차 백 도

자손궁에 관살을 극하는 성이 있으면
자식이 없어 탄식한다. 甲乙일에 丙丁

시(時)를 만나는 경우이다. 시(時)는
자손궁이요. 관살은 자손을 나타내니
투출한 기신(忌神)이 소용되는 관살을
극하면 무자(無子)나 만자(晩子)요.

妻宮妻守면 賢齊孟光이라.
처 궁 처 수   현 제 맹 광

일지에 재성이 있으면 처덕(妻德)이
있다. 좌하에 재성이 있어서 유조(有
助)하면 양홍(陽鴻)의 처 맹광처럼 부
덕(婦德)이 있다.

木性은 多仁이요 火性은 禮節이요.
목 성   다 인   화 성   예 절

水星은 智能이요. 金星은 義氣요.
수 성   지 능   금 성   의 기

土性은 信이라.
토 성   신

土薄이면 寡信하느니라.
토 박   과 신

木은 인(仁), 火는 예(禮). 水는 지(智). 金은 의(義). 土는 신(信)이다.

土가 부족하면 신용이 부족하다. 이는 오행의 성정을 말한 것으로 일주의 오행에 따라 그 주도적 성품은 영향력을 받는 것이니 간명에 참고할 일이다.

2. 여명결(女命訣)

여명결 (女命訣)

旺弱寒熱은 與男命으로 一般이라.
왕 약 한 열　　여 남 명　　　　일 반

왕약한열은 여명도 남명과 같이 일반이라. 왕약한열은 남자의 명을 보는 것과 같다. 왕약한열(旺弱寒熱)과 거류(去留)는 남명과 일반이나 특히 여자는 관성(官星)으로 남편을 삼으니 관성으로 주를 삼고 귀천을 보는데 연월은 부모 성쇠요 일시는 자신과 자녀의 성쇠를 본다.

有官則 官爲用이요
유 관 즉 관 위 용

無官則 殺爲用이라.
무 관 즉 살 위 용

　관성이 있으면 관(官)이 부성(夫星)
이요, 관성이 없고 살성(殺星)만 있으
면 살이 부성이다. 천간에 관살이 없고
지지 중에 암장된 인원(人元)13)이 관
살이면 부득이하여 인원으로 부성을
삼는다.

---

13) 지장간

無官殺하고 有財星이면
무 관 살　　　유 재 성

財中藏官으로 財星이 夫星이 된다.
재 중 장 관　　　재 성　　부 성

관살이 없고 재성이 있으면 재성의 지장간에 있는 관성이 부성이 된다. 별격(別格)으로 되었으면 부성이 관련이 없어도 길하다. 별격은 종강(從强), 종살(從殺), 종화(從化) 등이다.

最忌 坐下之比劫與食傷이요
최 기 좌 하 지 비 겁 여 식 상

且忌 日時相冲이라.
차 기 일 시 상 충

여명에서 가장 꺼리는 바는 좌하에 비겁이나 식상이 있는 것이고 다음으로 일시상충을 꺼린다. 좌하 비겁(比劫)은 丙午일, 戊戌일 등이요, 좌하 식상(食傷)은 丙戌일, 己酉일 등이다. 좌하비겁은 일주가 왕하면 관성이 약함이요. 좌하식상은 관성을 극하므로 불길한 것이다. 일시상충은 부궁(夫宮)과 자궁(子宮)을 충하므로 불길한 것이다.

女命은 官星이 夫요
여명   관성   부

食傷이 子星이라.
식상   자성

或은 官旺食弱이라도
혹   관 왕 식 약

有子하느니 子從夫出故矣라.
유 자   자 종 부 출 고 의

　여명은 관성이 남편이고 식신이 자손
이다. 혹은 관성이 왕(旺)하고 식신이
약하더라도 자손이 있으니 자손은 남
편에게서 오는 연고이다. 여명은 관성
으로 용(用)을 삼고 재성으로 원신(原
神)을 삼는 것이니 비록 식신이 약세라
하여도 관성이 강하면 유자(有子)한다
는 것이다.

姉妹가 强剛이면
자 매   강 강

乃作側房之婦요
내 작 측 방 지 부

여명에서 비견겁이 많으면 홀로 방을
지키는 신세이다. 좌하비겁이거나 주
중에 비겁이 많으면 남편의 처첩(妻妾)
이 산란(散亂)하여 항상 측방(側房)을
지키게 된다.

財官死絶이면 當招過繼之兒라.
재 관 사 절   당 초 과 계 지 아

재성과 관성이 사절지(死絶地)에 들면 자손을 보지 못해 남의 자식을 키운다. 재쇠관절(財衰官絶)이면 부녀(婦女)로서는 가장 꺼리는 바 부(夫)가 있어야 유자(有子)하게 되거늘 부성이 쇠절이니 어찌 자식을 보리오. 과계아(過繼兒)란 수양자(收養子)를 말한다.

財官印食이 無傷하면
재 관 인 식   무 상

身榮家富요
신 영 가 부

재관인식이 상함이 없으면 몸이 영화

롭고 가문이 부(富)하다. 재성이 왕하면 관성은 따라서 왕하다. 재관인(財官印)이 접속상생하면 남편과 자식이 흥왕하고 재물이 발전한다.

沖官破食에 無救면 喪夫克子라.
충 관 파 식　　무 구　　상 부 극 자

관성이 충을 당하고 식상이 깨졌는데 구하는 것이 없으면 남편을 사별하고 자식을 극한다. 관은 부성이요 식은 (銀) 자(子)성이니 충극을 만나고 통관이나 길성의 부조가 없으면 상부극자 (喪夫克子)하게 된다.

日柱旺强則多災亂이요
일 주 왕 강 즉 다 재 란

日柱弱則寧爲福이라.
일 주 약 즉 영 위 복

일주가 왕강하면 재난이 많고 일주가 약하면 도리어 복이 된다. 여명은 일주가 왕하면 부성은 자연히 약하게 되니 재난이 많으며 부(夫)의 권리를 빼앗아 좌지우지 하게 된다. 일주가 약하면 순종(順從)하게 되므로 영위복(寧爲福)14)이나 신약다병(身弱多病)을 면할 수 없다.

---

14) 도리어 복이 된다.

日柱旺而淸이면 子多하며
일 주 왕 이 청   자 다

中興門戶요
중 흥 문 호

일주가 왕하고 청(淸)하면 자녀도 많
고 가문도 중흥한다.

日柱弱而濁이면 子稀하며
일 주 약 이 탁   자 희

門戶衰弱이라.
문 호 쇠 약

일주가 약하고 탁하면 자녀가 드물고
가문이 쇠약하다. 일주가 편고하고 용

신과 희신이 득지(得地)하지 못하면 자녀도 희소하고 생계도 곤란하다.

大忌官殺混雜이니
대 기 관 살 혼 잡

去留則反爲吉이요
거 류 즉 반 위 길

가장 꺼리는 것은 관살혼잡이니 하나를 제거하면 도리어 길하다. 관(官)과 살(殺)이 모두 있으면 천격(賤格)이나 거관유살(去官留殺)이나 거살유관(去殺留官)하면 도리어 길하게 된다. 그러나 거자(去者)를 운상(運上)에서 만나게 되면 흉하다.

最喜一官一貴니 沖破則不爲奇라.
최 희 일 관 일 귀   충 파 즉 불 위 기

가장 좋은 것은 관성이 하나만 있는 것인데 충파를 당하면 안 된다. 관성이 하나라야 일위귀(一位貴)라 하며 재성 역시 하나이고 왕(旺)하여 부성(夫星)을 생하며, 타신을 통관상생하면 귀부인이다. 충파(沖波) 당하면 불길하다.

官逢官運이면 鏡破釵分이요
관 봉 관 운   경 파 차 분

관성이 있는데 관성운을 만나면 흉하다. 여명은 관성으로 부(夫)를 삼으니 운로에 또 관운(官運)을 만나면 부외유부(夫外有夫)[15] 함이니 이별의 재난이 있으며 혹은 창기(娼妓)가 되기도 한다.

財入財鄕이면 夫榮子貴라.
재 입 재 향   부 영 자 귀

재성이 왕한 운을 만나면 남편이 영달하고 자식이 귀해진다. 재성은 부성을 생하나니 원국에 재성이 길신인데

---

15) 남편외의 남자

재왕운을 만나면 부군의 영위는 물론 자식이 귀해진다. 자종부출고(子從夫出故)16)로 부영(夫榮)한 즉 자식은 따라서 귀한 것이다.

官多면 不榮이오 財多면 不富라.
관 다   불 영   재 다   불 부

관이 많으면 영화롭지 않고 재가 많으면 부유하지 못하다. 여자가 관성이 많으면 어찌 복이 되리오. 또한 재왕이면 자연히 신약한 것이니 종(從)

---

16) 자식은 남편으로부터 나온다.

도 되지 않는다. 신약재다(身弱財多)하
면 부옥빈인(富屋貧人)[17]이라 비겁운
이나 인성운을 만나면 길하다.

太濕無溫者도 賤而子稀요
태 습 무 온 자   천 이 자 희

太熱無潤者도 賤而子稀요
태 열 무 윤 자   천 이 자 희

한습한데 따뜻한 기운이 없는 사람도
천격에 자손이 없고, 조열한데 습기가
없는 사람도 천격에 자손이 없다. 추동

---

17) 집은 크지만 가난한 사람

(秋冬)에 금수(金水)가 많고 丙丁戊己가 없으면 천격으로 무자(無子)하다. 또한 춘하(春夏)에 화다(火多)면 조열(燥熱)한 국이니 금수(金水)가 없어 윤습(潤濕)해 주지 못하면 또한 천격에 무자(無子)한다.

用正印而逢梟하면 臨春葉落이요
용 정 인 이 봉 효   임 춘 엽 락

정인을 쓰는데 편인을 만나면 봄날이라도 잎이 떨어지는 형국이다. 원국에 정인이 용이 되는데 효신(梟神:편인)운

을 만나면 재앙이 생하므로 임춘엽락
(臨春葉落)이라 한다.

遇梟神而逢印이면 主樹春榮이라.
우 효 신 이 봉 인   주 수 춘 영

효신을 쓰는데 정인운을 만나면 수목
이 화춘을 만난 격이다.

傷官而不見官星이면
상 관 이 불 견 관 성

猶爲淸潔이요
유 위 청 결

상관격이 관성을 보지 않으면 오히려 청결하다. 사주에 상관과 재성이 균조하고 관성이 없으면 청결한 부덕(婦德)인데 관운은 불길하다.

有食無財에 逢印綬하면
유 식 무 재   봉 인 수

反作刑傷이라.
반 작 형 상

식신이 있고 재성이 없는데 인성(印星)운을 만나면 도리어 형상을 입는다.

梟奪坐食은 坐産花枯요
효 탈 좌 식 　 　 좌 산 화 고

좌하식신을 효신이 탈식하면 포태도 불능하고 생산하여도 자녀의 양육이 불능하다.

胞胎常墮는 食旺身衰라.
포 태 상 타 　 　 식 왕 신 쇠

유산(流産)이 잦은 것은 식신이 왕하고 일주가 태약한 까닭이다. 식신이 왕하고 신약하면 포태(胞胎)가 곤난하며 포태되어도 낙태되기 쉽다. 그러나 인성을 만나 식신을 제거하고 원기를 도우면 출산이 가능하다.

身旺運强하면 早刑夫柱요
신 왕 운 강   조 형 부 주

일주가 왕강한데 또 왕운을 만나면 일찍 상부(喪夫)하거나 이별하게 된다.

貴重合多면 尼奴娼妓라.
귀 중 합 다   니 노 창 기

관살혼잡이 합하는 게 많으면 기녀(妓女)이다. 귀중(貴重)은 관살혼잡(官

殺混雜)이요. 합다(合多)는 삼합(三合), 육합(六合) 등이니 여명(女命)이 이와 같으면 천인(賤人)으로 행세하리라.

秋水通源이면 剔眸立節이요
추 수 통 원　　척 모 입 절

추수통원을 이루면 절개를 지킨다. 庚辛일주가 가을에 태어나 하통수국(下通水局)18)이면 부부의 행락은 없으나 음란은 없고 입절하리라.

---

18) 지지에 신자진 수국을 이룸

冬金이 坐局이면 斷臂流芳이라.
동 금   좌 국   단 비 유 방

　겨울에 태어난 금이 巳酉丑 금국을
이루면 처량한 운명으로 이름을 남긴다.
　庚辛일주가 동절(冬節)에 생하여 火
土의 용(用)이 없고 火土운을 만나지
못하면 처량한 운명으로 입절한다.

五殺이 臨於忌神而反克이면
오 살   임 어 기 신 이 반 극
門戶不幸이요
문 호 불 행

오살(五殺)이 기신과 함께 있으면 가문이 불행하다. 오살은 도화살(桃花殺)과 함지살(咸池殺)과 겁살(劫殺)과 양인(羊刃)과 고과살(孤寡殺)이니 사주 원국에 부성(夫星), 자성(子星)이 득지하고 한열이 조후하여 간지(干支)가 청수하면 오살 등이 있더라도 사환(使喚)으로 사용이 된다.

이와 반대로 사주원국에 부자양궁(夫子兩宮)이 실시(失時)하여 극파쇠절(克破衰絶)한데 오살이 침범하면 불행하여 승도(僧道)도 되느니라.

大槪 女命은 不喜身旺이요
대개 여명 불희신왕

又忌沖破요 不利合多니라.
우기충파 불리합다

대개 여명은 신왕함을 기뻐하지 않고
신약이 길하며 불왕(不旺), 불충(不
沖), 불합(不合)하고 중화함이 길하다.

3. 병원론(病源論)

병원론(病源論)

甲膽乙肝丙小腸이요
갑 담 을 간 병 소 장

丁心戊胃己脾鄕이라.
정 심 무 위 기 비 향

庚是大腸辛屬肺요
경 시 대 장 신 속 폐

壬是膀胱癸腎臟이라.
임 시 방 광 계 신 장

甲은 쓸개, 乙은 간, 丙은 소장이요,

丁은 심장, 戊는 위장, 己는 비장이라.

庚은 대장. 辛은 폐에 속하고 壬은 방

광, 癸는 신장에 해당한다.

大臟有病은 丙火가
대 장 유 병 병 화

克損庚金이요
극 손 경 금

대장의 병(病)은 丙火가 경금을 극손한 연고이다. 폐와 대장은 金에 속하니 庚금이 丙화에 손상되면 대장이나 폐 경락(經絡)에 병이 있다.

雙眼無瞳은 火土가 熱乾癸水라.
쌍 안 무 동 화 토 열 건 계 수

눈이 안 보이는 것은 火土가 열건계
수(熱乾癸水)한 까닭이다. 癸수는 신장
이니 소아는 안속간(眼屬肝:눈이 간에
속하고) 어른은 안속신(眼屬腎:눈이 신
장에 속한다)이라. 火土가 열건계수(熱
乾癸水)[19]하면 안질(眼疾)이 있다. 혹
은 하목(夏木)이 열건(熱乾)해도 시력
이 부족하다.

丙臨酉月에 無木이면
병 임 유 월   무 목

眼不光이요
안 불 광

---

19) 계수가 너무 뜨거워 말라 버림

丙화가 酉월에 태어났는데 木이 없으면 시력이 좋지 않다. 丙화는 酉가 사지(死地)이므로 木의 생을 받으면 약화(弱火)가 다시 생기를 얻으나 木이 없으면 시력이 좋지 않다. 丙화는 태양이므로 눈으로 보는 것이다.

戊逢水崩에 無火면
무 봉 수 붕   무 화

胃病이 不差라.
위 병   불 차

戊가 수왕(水旺)한데 화가 없으면 위

병이 낫지 않는다. 戊는 위경(胃經)에 속하므로 수습(水濕)하여 붕괴되는데 생해주는 火가 없으면 위병에 차도가 없다.

甲逢庚則中風이요
갑 봉 경 즉 중 풍

乙逢辛則疸症이라.
을 봉 신 즉 달 증

　甲이 庚을 만나면 중풍이요, 乙이 辛을 만나면 황달이다. 木은 풍(風)인데 金에 충극당하면 풍증(風症)이요. 甲乙은 간담(肝膽)이니 乙목이 辛금에 충극

당하면 황달병으로 신고(辛苦)한다.

木被金傷이면 水足有欠이라.
목 피 금 상   수 족 유 흠

木이 金에 상하면 수족에 장애가 있다. 甲庚충 乙辛충에 양인(羊刃)이 있거나 곡각살(曲脚殺)이 있으면 수족에 흠이 있다.

火被水克이면 眼力이 不實이요
화 피 수 극   안 력   부 실

腎氣도 不足이라.
신 기   부 족

火가 水에 극을 당하면 눈이 좋지 않고, 신장도 좋지 않다. 水火가 기제(旣濟)를 이루지 못하고 충극하면 안력(眼力)도 부족이요. 신기(腎氣)도 부족하다.

戊逢甲克이면 手足有欠이요
무 봉 갑 극   수 족 유 흠

甲逢火燒면 眼疾腎弱이라.
갑 봉 화 소   안 질 신 약

戊토가 甲목의 극을 받으면 수족에 흠이 있고 甲목이 火의 열(熱)에 마르면 안질이 있고 신장이 약할 것이다. 수족(手足)은 위경(胃經)에 속한다.

癸逢己而疝淋이요
계 봉 기 이 산 임

庚丙相克而下血이라.
경 병 상 극 이 하 혈

癸는 신장이니 己土의 극을 받으면
산증(疝症), 임질을 앓게 되고 庚금과
丙화가 金火상극이면 血이 불순하여
하혈을 하게 된다.

辛値丁而氣鬱이요
신 치 정 이 기 울

木犯刑而疥癩라.
목 범 형 이 개 라

辛金이 丁火의 극을 받고 구함이 없으면 기(氣)가 체하여 막히고 木일주가 삼형의 극을 만나면 나병(癩病)의 환(患)이 있다.

火因鬼而狂症이요
화 인 귀 이 광 증

화관(火官)이 극신(克身)이면 광증(狂症)이나 정신이상이요.

土逢甲乙이면 損胃而嘔吐라.
토 봉 갑 을 　　　손 위 이 구 토

戊己일주가 木의 극함이 심하면 위가 손상되어 구토증이 있다.

金見丙丁이면 血衄而傷氣요
금 견 병 정　　　혈 뉵 이 상 기

金이 신약한데 丙丁을 보면 金水가 태백성(太白星)과 형혹성(熒惑星)이니 혈액병이 많다.

日柱衰而被克이면 殘疾常隨요
일 주 쇠 이 피 극　　　잔 질 상 수

일주(日柱)가 쇠약한데 극함을 받으

면 잔병이 항상 따라다닌다.

火虛而遇北陽이면
화 허 이 우 북 양

下痢不絶이요
하 리 부 절

火일주에 子운과 克운을 만나면 설사
가 그칠 사이가 없다.

木朽而逢南陰이면 弱産失所라.
목 후 이 봉 남 음   약 산 실 소

약목(弱木)이 午운과 설(泄)하는 운을

만나면 유산(流産)과 약산(弱産)이라.

陰日干이 逢三刑이면
음 일 간　　봉 삼 형

邪必中臟이요
사 필 중 장

　음일주가 삼형(三刑)의 극을 당하면
오장(五臟)에 병을 얻고

陽日干이 逢七殺이면
양 일 간　　봉 칠 살

病崇六腑라.
병 숭 육 부

양일간이 칠살(七殺)의 극을 받으면
병이 육부(六腑)에 있다.

日時가 衰絶이면
일 시　　쇠 절

乃大患之不療요
내 대 환 지 불 료

일시에 기신(忌神)이 있고 운로 또한
기신(忌神)이면 포병객(抱病客)20)이다.

干支가 皆克이면
간 지　　개 극

---
20) 늘 병을 달고 사는 사람

雖小疾이나 不愈라.
수 소 질   불 유

천간지지가 모두 극이면 소소한 병이
라도 완쾌되기 어렵다.

간행위원장   삼각산인/ 유종관

간행위원   고순영   박덕선   손수창

김문정   김동현   남경훈

신재억   정명자   심종옥

안형용   임성환   임은자

정원영   정학균   지연옥

금시찬   박상일   임용석

황남준   장영호

엮은이 삼각산인

법명 혜문(慧門). 1993년 역문관 노석 유충엽 선생에
게 입문, 명리를 배우고 역문관 추천으로 1997년 동방
문화대학원대학에서 명리를 강의했다. 1998년 봉선사
로 출가한 여러 사찰과 선원에서 수행햇다. 2017년 이
후 '역문관아카데미'를 설립 도계 박재완, 노석 유충엽
선생으로 이어지는 명리를 강의하고 있다.

   수상   2012년 국민훈장 목련장 서훈
          2013년 다산대상 문화예술 부문 수상

   저서   명리의 비밀을 여는 9가지 열쇠(2021)
          교양으로 읽는 사주명리(2021)
          사주 육친론 깊이 읽기 (2022)

도계 박재완 선생님께서 전해주신
명리구결 따라쓰기

초판 1쇄   2022. 8. 26
엮 은 이   삼각산인
디자이너   신용수

펴 낸 이   구진영
펴 낸 곳   금강초롱
대표전화   02-722-1311
출판등록   제 382-2015-00002호

이 책의 저작권은 저작권자와 출판사에 있습니다.
무단 제제와 복제를 금합니다.

ISBN 979-11-955321-7-9

값 10,000원